AF187425

Impressum
Verlag: BABADADA GmbH, Nedderfeld 112 , 22529 Hamburg
Geschäftsführer / Verlagsleitung: Harald Hof
Druck: Books on Demand GmbH, In de Tarpen 42, 22848 Norderstedt

Imprint
Publisher: BABADADA GmbH, Nedderfeld 112 , 22529 Hamburg, Germany
Managing Director / Publishing direction: Harald Hof
Print: Books on Demand GmbH, In de Tarpen 42, 22848 Norderstedt, Germany

escuela
škola

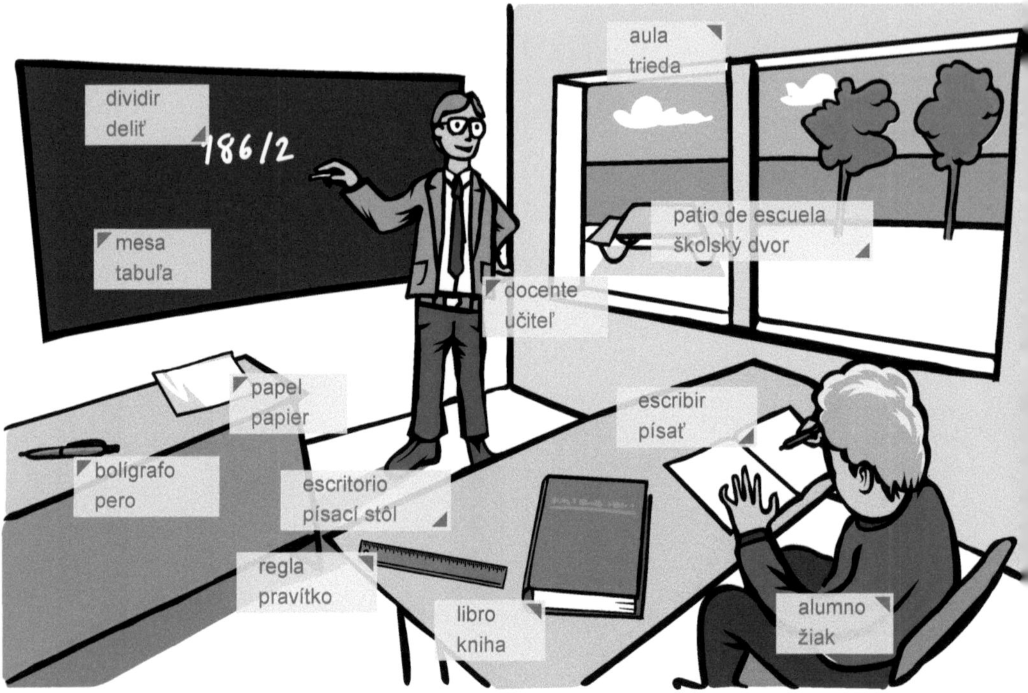

aula
trieda
dividir
deliť
186/2
mesa
tabuľa
patio de escuela
školský dvor
docente
učiteľ
papel
papier
escribir
písať
bolígrafo
pero
escritorio
písací stôl
regla
pravítko
libro
kniha
alumno
žiak

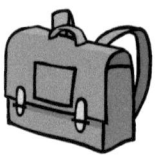

mochila escolar

školská taška

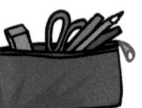

caja de lápices

peračník

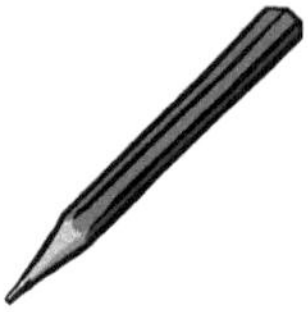

lápiz

ceruza

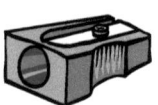

sacapuntas

strúhadlo na ceruzky

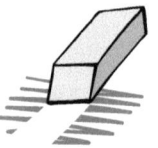

goma de borrar

guma

bloc de dibujo

skicár

dibujo

kresba

pincel

štetec

caja de pinturas

vodové farby

tijera

nožnice

pegamento

lepidlo

libro de ejercicios

cvičný zošit

tarea

domáca úloha

número

číslo

sumar

sčítať

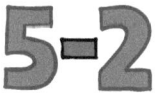

restar

odčítať

multiplicar

násobiť

calcular

počítať

letra

písmeno

ABCDEFG HIJKLMN OPQRSTU VWXYZ

alfabeto

abeceda

palabra

slovo

texto

text

leer

čítať

tiza

krieda

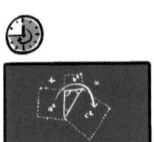

lección

hodina

libro de clase

triedna kniha

examen

skúška

certificado

certifikát

uniforme escolar

školská uniforma

educación

vzdelanie

enciclopedia

encyklopédia

universidad

univerzita

microscopio

mikroskop

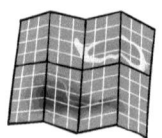

mapa

mapa

cesto de papeles

kôš na papier

viaje
cesta

hotel
hotel
Grand
albergue
nocľaháreň
ROOMS
casa de cambio
zmenáreň
maleta
kufor
auto
auto

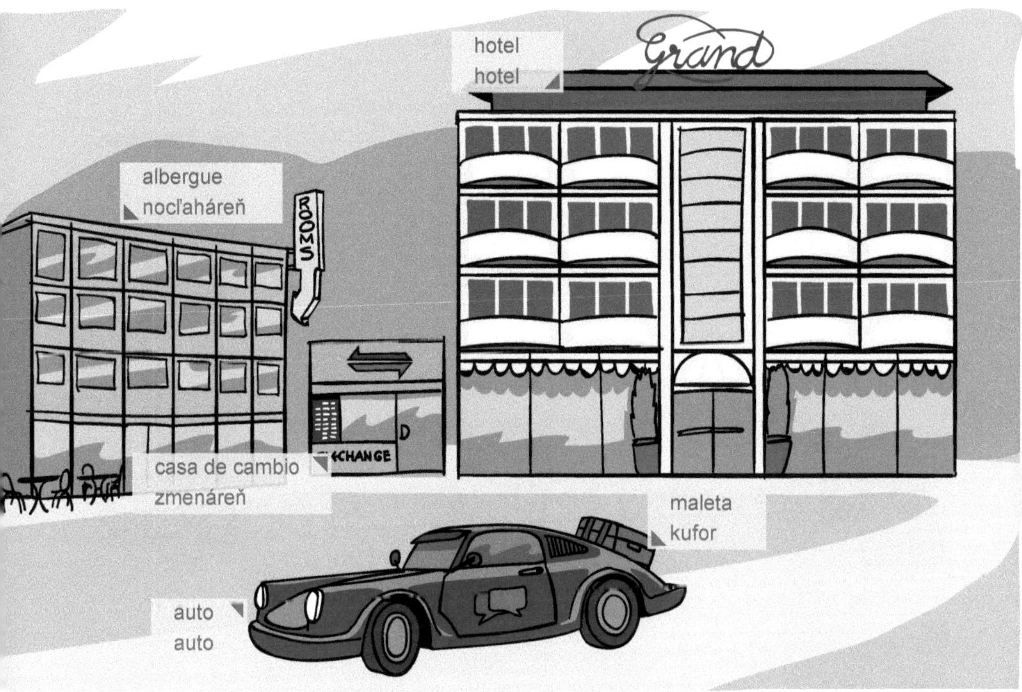

idioma
jazyk

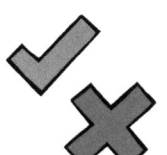

sí / no
áno/nie

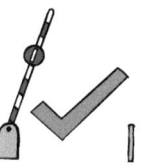

ok
v poriadku

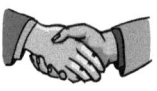

hola
ahoj

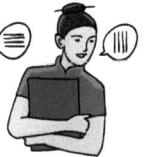

intérprete
prekladateľ

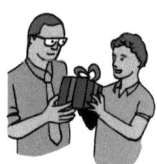

gracias
ďakujem

¿Cuánto cuesta...?

Koľko stojí ... ?

No entiendo

Nerozumiem

problema

problém

¡Buenas tardes!

Dobrý večer!

¡Buenos días!

Dobré ráno!

¡Buenas noches!

Dobrú noc!

adiós

Dovidenia

dirección

smer

equipaje

batožina

bolso

taška

mochila

batoh

invitado

hosť

cuarto

izba

saco de dormir

spacák

tienda de campaña

stan

viaje - cesta

información al turista

informácie pre turistov

playa

pláž

tarjeta de crédito

kreditná karta

desayuno

raňajky

almuerzo

obed

cena

večera

pasaje

cestovný lístok

ascensor

výťah

sello

poštová známka

límite

hranica

aduana

clo

embajada

veľvyslanectvo

visa

vízum

pasaporte

cestovný pas

transporte
doprava

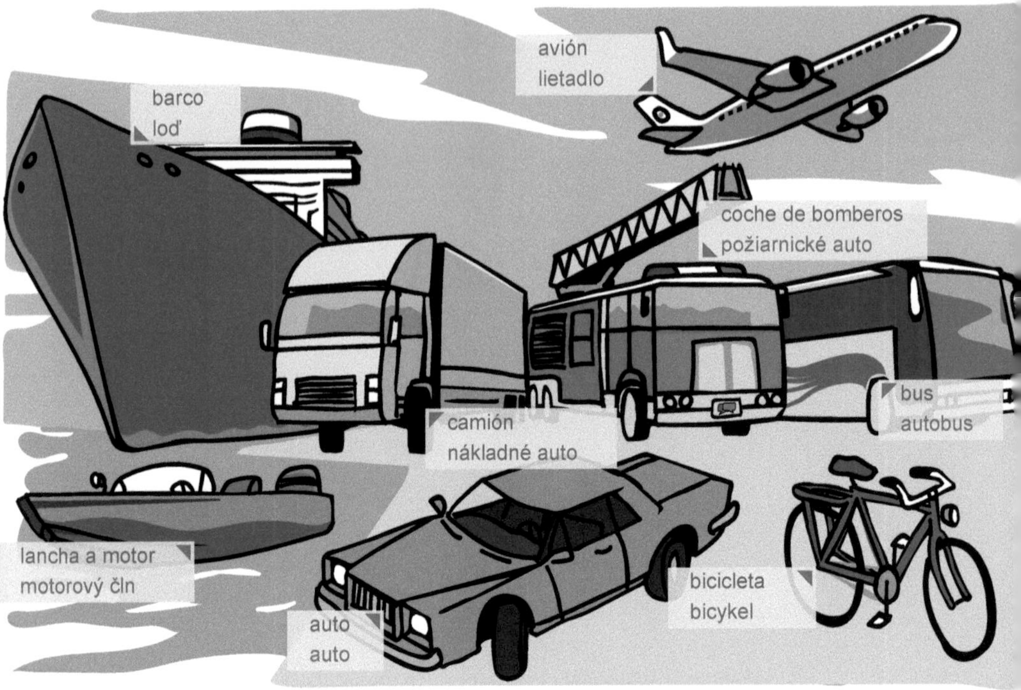

avión
lietadlo
barco
loď
coche de bomberos
požiarnické auto
bus
autobus
camión
nákladné auto
lancha a motor
motorový čln
bicicleta
bicykel
auto
auto

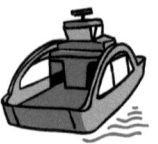

balsa

trajekt

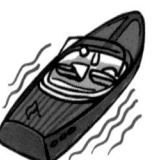

lancha

loď

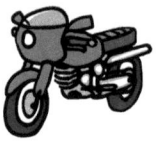

motocicleta

motorka

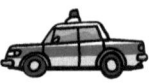

auto de policía

policajné auto

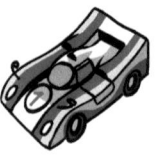

auto de carreras

pretekárske auto

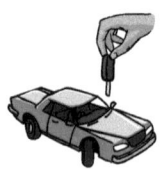

auto de alquiler

vozidlo z požičovne

alquiler de autos

carsharing

grúa

odťahové auto

vehículo recolector de basura

smetiarske auto

motor

motor

gasolina

benzín

gasolinera

čerpacia stanica

señal de tráfico

dopravná značka

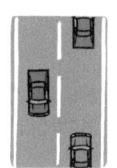

tránsito

premávka

atasco

zápcha

estacionamiento

parkovisko

estación de tren

vlaková stanica

carril

trate

tren

vlak

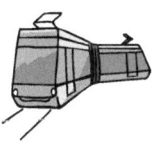

tranvía

električka

vagón

vagón

helicóptero

helikoptéra

aeropuerto

letisko

torre

veža

pasajero

pasažier

contenedor

kontajner

caja de cartón

kartón

carro

vozík

cesta

kôš

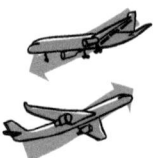

despegar / aterrizar

štartovať / pristáť

ciudad

mesto

aldea

dedina

centro de la ciudad

centrum mesta

casa

dom

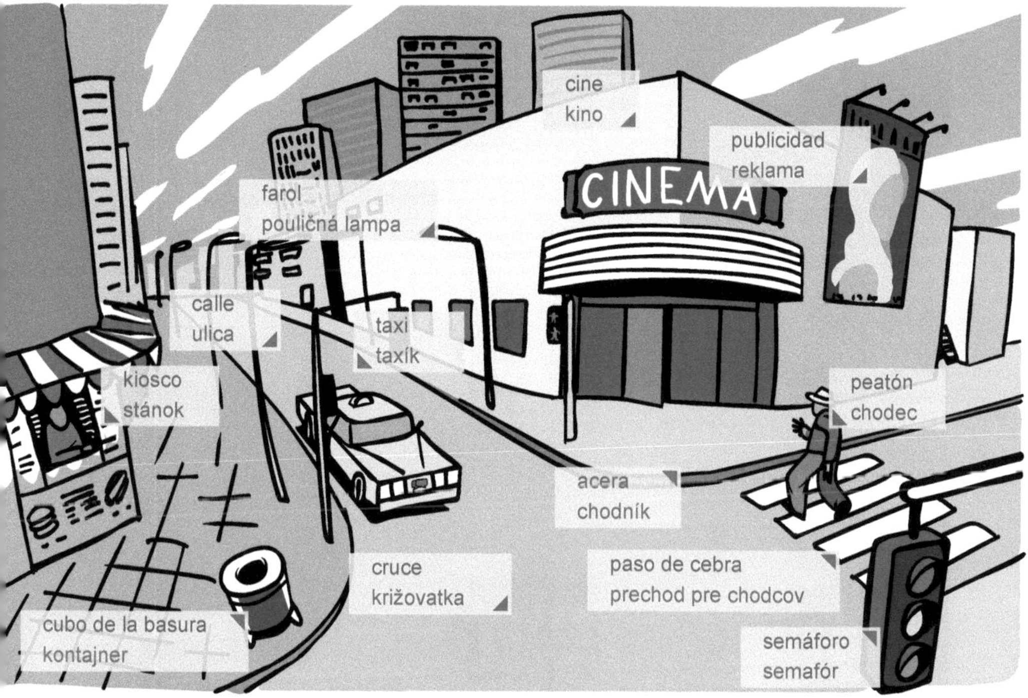

cine
kino

publicidad
reklama

farol
pouličná lampa

calle
ulica

taxi
taxík

CINEMA

peatón
chodec

kiosco
stánok

acera
chodník

cruce
križovatka

paso de cebra
prechod pre chodcov

cubo de la basura
kontajner

semáforo
semafór

cabaña

chata

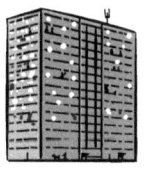

apartamento

byt

estación de tren

vlaková stanica

ayuntamiento

radnica

museo

múzeum

escuela

škola

ciudad - mesto

universidad

univerzita

banco

banka

hospital

nemocnica

hotel

hotel

farmacia

lekáreň

oficina

kancelária

librería

kníhkupectvo

negocio

obchod

florería

kvetinárstvo

supermercado

supermarket

mercado

trh

grandes almacenes

obchodný dom

pescadería

obchodník s rybami

centro comercial

nákupné stredisko

puerto

prístav

ciudad - mesto

parque

park

banco

lavička

puente

most

escalera

schody

metro

metro

túnel

tunel

parada de autobuses

autobusová zastávka

bar

bar

restaurante

reštaurácia

buzón de correo

poštová schránka

letrero

tabuľa s názvom ulice

parquímetro

parkovacie hodiny

zoológico

ZOO

piscina

plaváreň

mezquita

mešita

granja
farma

polución
znečisťovanie životného prostredia

cementerio
cintorín

iglesia
kostol

parque infantil
ihrisko

templo
chrám

paisaje
terén

hoja
list

indicador de camino
smerová tabuľa

sendero
cesta

pradera
lúka

piedra
kameň

caminante
turista

árbol
strom

río
rieka

pasto
tráva

flor
kvet

valle
....
dolina

montaña
....
kopec

lago
....
jazero

bosque
....
les

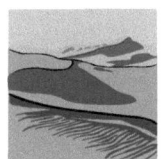

desierto
....
púšť

volcán
....
vulkán

castillo
....
zámok

arco iris
....
dúha

seta
....
hríb

palmera
....
palma

mosquito
....
komár

mosca
....
mucha

hormiga
....
mravec

abeja
....
včela

araña
....
pavúk

escarabajo

chrobák

rana

žaba

ardilla

veverička

erizo

jež

liebre

zajac

lechuza

sova

pájaro

vták

cisne

labuť

jabalí

diviak

ciervo

jeleň

alce

los

embalse

hrádza

aerogenerador

veterná turbína

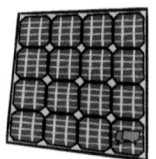

módulo solar

solárny panel

clima

podnebie

restaurante
reštaurácia

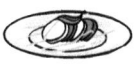

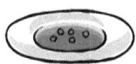

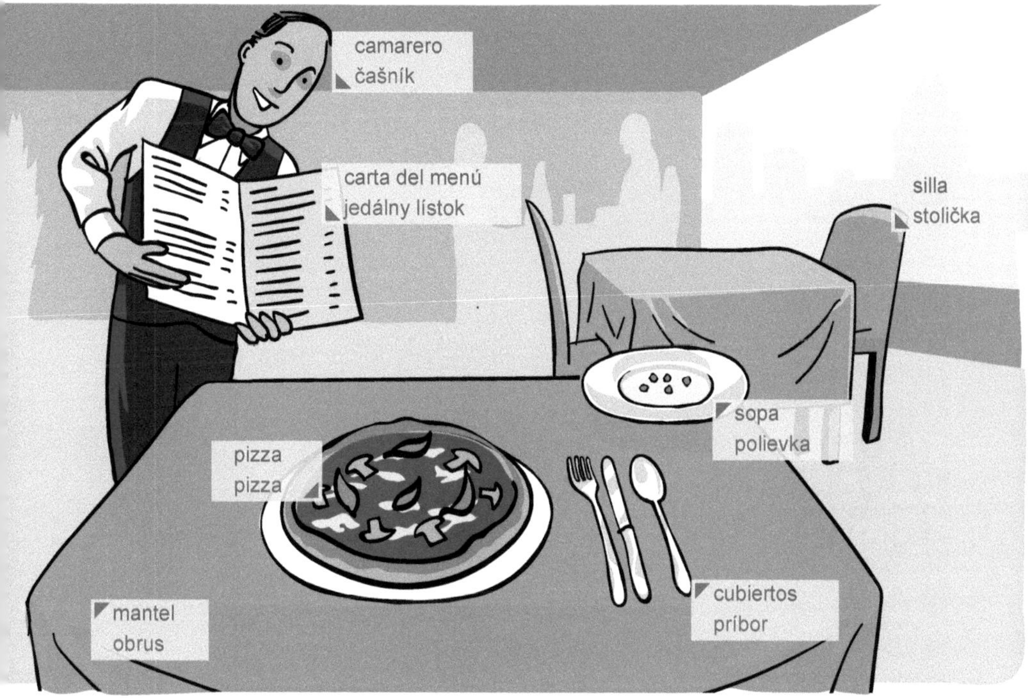
camarero
čašník
carta del menú
jedálny lístok
silla
stolička
sopa
polievka
pizza
pizza
cubiertos
príbor
mantel
obrus

entrada

predjedlo

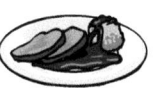

plato principal

hlavné jedlo

postre

zákusok

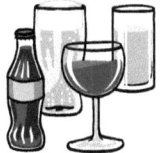

bebida

nápoje

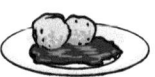

comida

jedlo

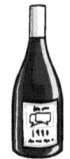

botella

fľaša

comida rápida

fast-food

comida callejera

street food

tetera

kanvica na čaj

azucarera

cukornička

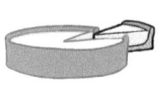

porción

porcia

máquina de espresso

stroj na espresso

silla alta

detská stolička

factura

účet

bandeja

podnos

cuchillo

nôž

tenedor

vidlička

cuchara

lyžica

cuchara de té

čajová lyžička

servilleta

obrúsok

vaso

pohár

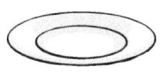

plato

tanier

plato de sopa

hlboký tanier

platillo

podšálka

salsa

omáčka

salero

soľnička

molinillo para pimienta

mlynček na korenie

vinagre

ocot

aceite

olej

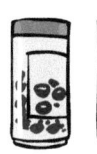 

especias

korenie

ketchup

kečup

mostaza

horčica

mayonesa

majonéza

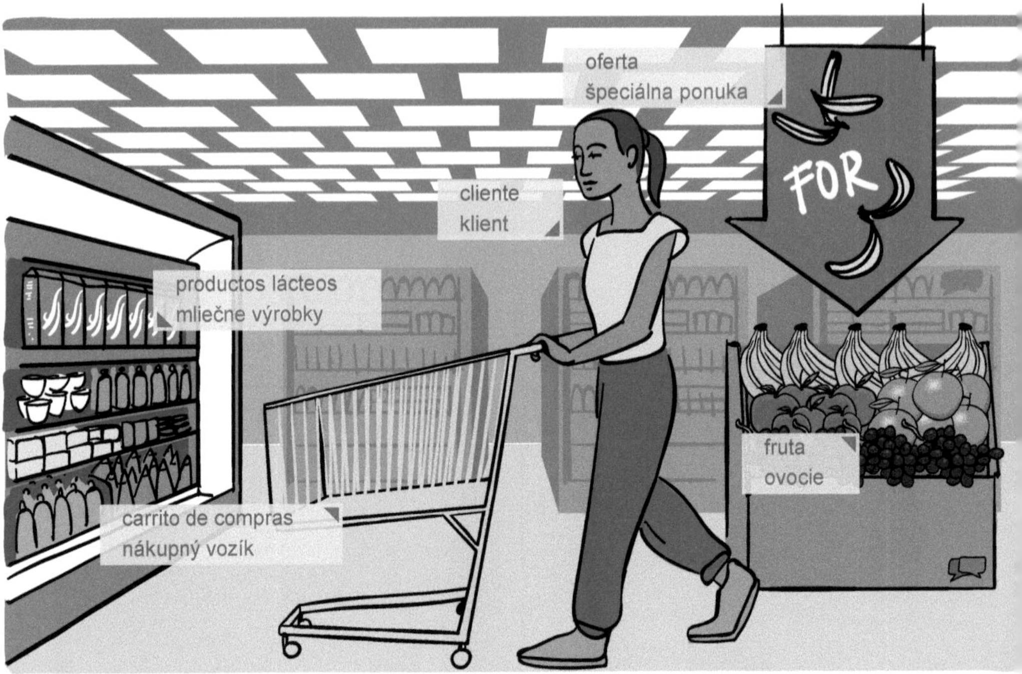

oferta
špeciálna ponuka

cliente
klient

productos lácteos
mliečne výrobky

fruta
ovocie

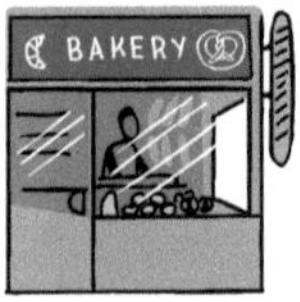

carrito de compras
nákupný vozík

carnicería	panadería	pesar
mäsiarstvo	pekáreň	vážiť
	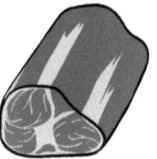	
verdura	carne	alimentos congelados
zelenina	mäso	mrazené potraviny

fiambre

nárez

conservas

konzervy

detergente en polvo

prací prostriedok

dulces

sladkosti

artículos domésticos

domáce potreby

productos de limpieza

čistiace prostriedky

vendedora

predavačka

caja

pokladňa

cajero

pokladník

lista de compras

nákupný zoznam

horario de atención

otváracie hodiny

cartera

peňaženka

tarjeta de crédito

kreditná karta

maleta

taška

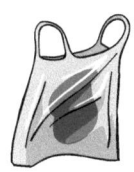

bolsa plástica

plastové vrecko

agua

voda

jugo

džús

leche

mlieko

refresco de cola

kola

vino

víno

cerveza

pivo

alcohol

alkohol

cacao

kakao

té

čaj

café

káva

espresso

espresso

cappuccino

kapučíno

banana
banán

manzana
jablko

naranja
pomaranč

sandía
melón

limón
citrón

zanahoria
mrkva

ajo
cesnak

bambú
bambus

cebolla
cibuľa

seta
hríb

nueces
orechy

fideos
rezance

espagueti

špagety

arroz

ryža

ensalada

šalát

patatas fritas

hranolky

patatas salteadas

pečené zemiaky

pizza

pizza

hamburguesa

hamburger

sándwich

obložený chlebík

escalope

rezeň

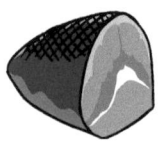

jamón

šunka

salame

saláma

embutido

klobása

pollo

kurča

asado

pečené mäso

pescado

ryba

copos de avena

ovsené vločky

musli

müsli

copos de maíz tostado

kukuričné lupienky

harina

múka

croissant

croissant

panecillo

pečivo

pan

chlieb

tostada

hrianka

galletas

sušienky

mantequilla

maslo

cuajada

tvaroh

pastel

koláč

huevo

vajce

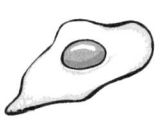

huevo frito

volské oko

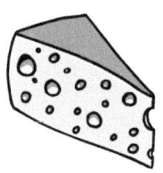

queso

syr

helado
....
zmrzlina

azúcar
....
cukor

miel
....
med

mermelada
....
lekvár

praliné
....
nugátová nátierka

curry
....
karí korenie

granja
farma

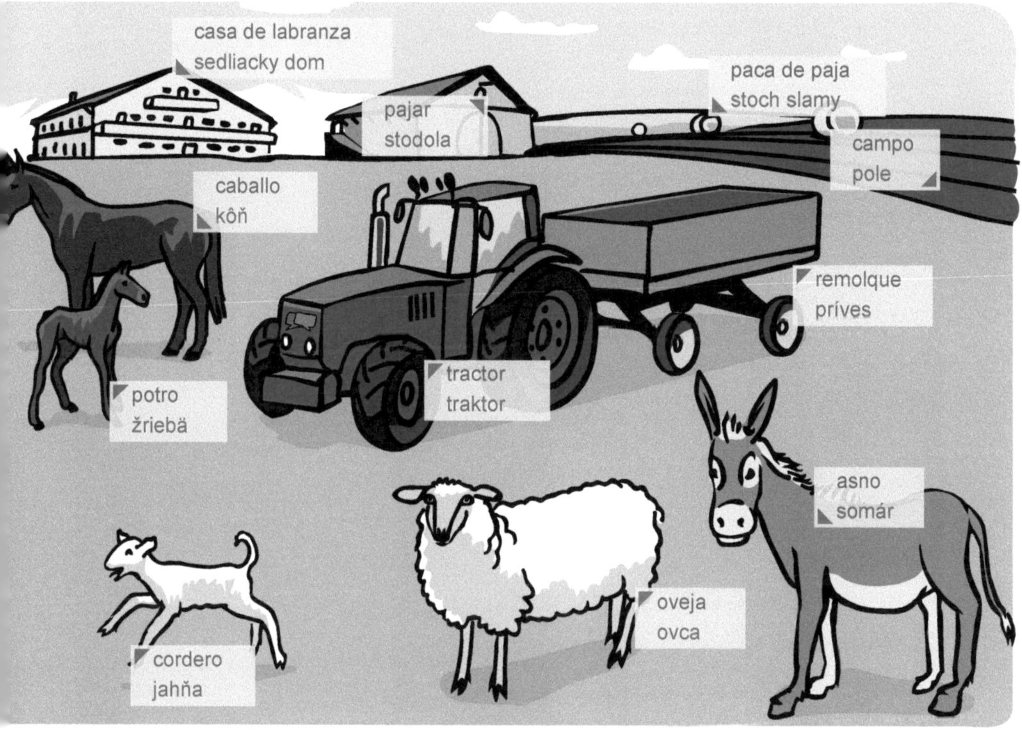

casa de labranza
sedliacky dom
pajar
stodola
paca de paja
stoch slamy
campo
pole
caballo
kôň
remolque
príves
tractor
traktor
potro
žriebä
asno
somár
oveja
ovca
cordero
jahňa

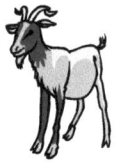

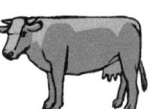

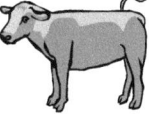

cabra
koza

vaca
krava

ternero
teľa

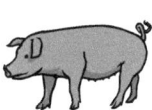

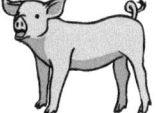

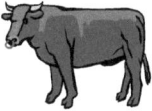

cerdo
prasa

lechón
prasiatko

toro
býk

ganso

hus

pato

kačica

polluelo

kuriatko

pollo

sliepka

gallo

kohút

rata

potkan

gato

mačka

ratón

myš

buey

vôl

perro

pes

caseta del perro

psia búda

manguera de riego

záhradná hadica

regadera

krhla

guadaña

kosa

arado

pluh

hoz

kosák

azada

motyka

bieldo

vidly na hnoj

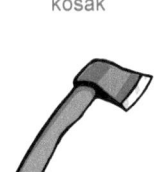

hacha

sekera

carretilla

fúrik

abrevadero

koryto

lechera

kanva na mlieko

saco

vrece

cerca

plot

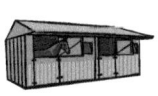

establo

maštaľ

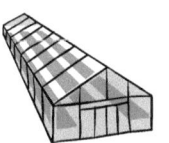

invernadero

skleník

suelo

pôda

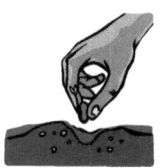

semilla

osivo

fertilizante

hnojivo

cosechadora

kombajn

cosechar
žať

cosecha
žatva

raíz de ñame
batát

trigo
pšenica

soja
sója

patata
zemiak

maíz
kukurica

colza
repka

Árbol frutal
ovocný strom

mandioca
maniok

cereales
obilie

casa
dom

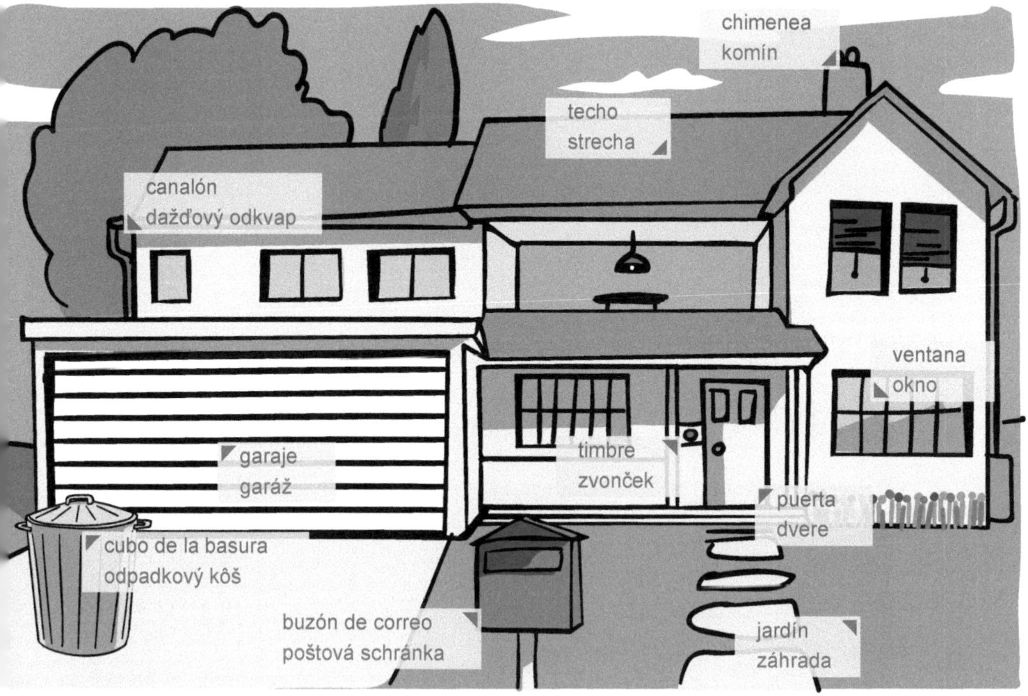
chimenea
komín
techo
strecha
canalón
dažďový odkvap
ventana
okno
garaje
garáž
timbre
zvonček
puerta
dvere
cubo de la basura
odpadkový kôš
buzón de correo
poštová schránka
jardín
záhrada

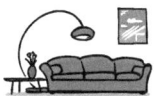

cuarto de estar

obývačka

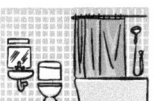

cuarto de baño

kúpeľňa

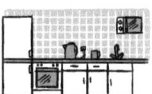

cocina

kuchyňa

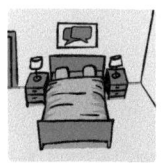

dormitorio

spálňa

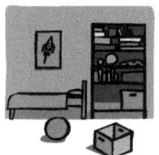

cuarto de los niños

detská izba

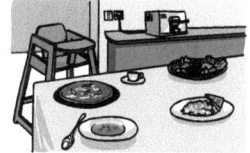

comedor

jedáleň

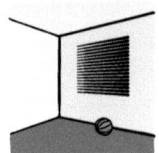

piso
....
podlaha

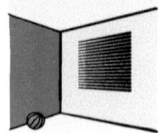

pared
....
stena

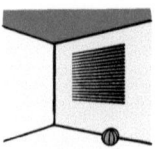

cielorraso
....
strop

sótano
....
pivnica

sauna
....
sauna

balcón
....
balkón

terraza
....
terasa

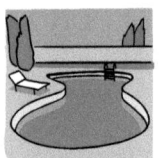

piscina
....
bazén

cortacésped
....
kosačka

funda nórdica
....
obliečka

edredón
....
posteľná prikrývka

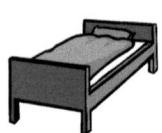

cama
....
posteľ

escoba
....
metla

cubo
....
vedro

interruptor
....
vypínač

cuarto de estar
obývačka

papel para empapelar
tapeta
imagen
obraz
lámpara
lampa
estante
regál
gabinete
skriňa
televisor
televízor
hogar
kozub
flor
kvet
cojín
vankúš
sofá
pohovka
florero
váza
control remoto
diaľkové ovládanie

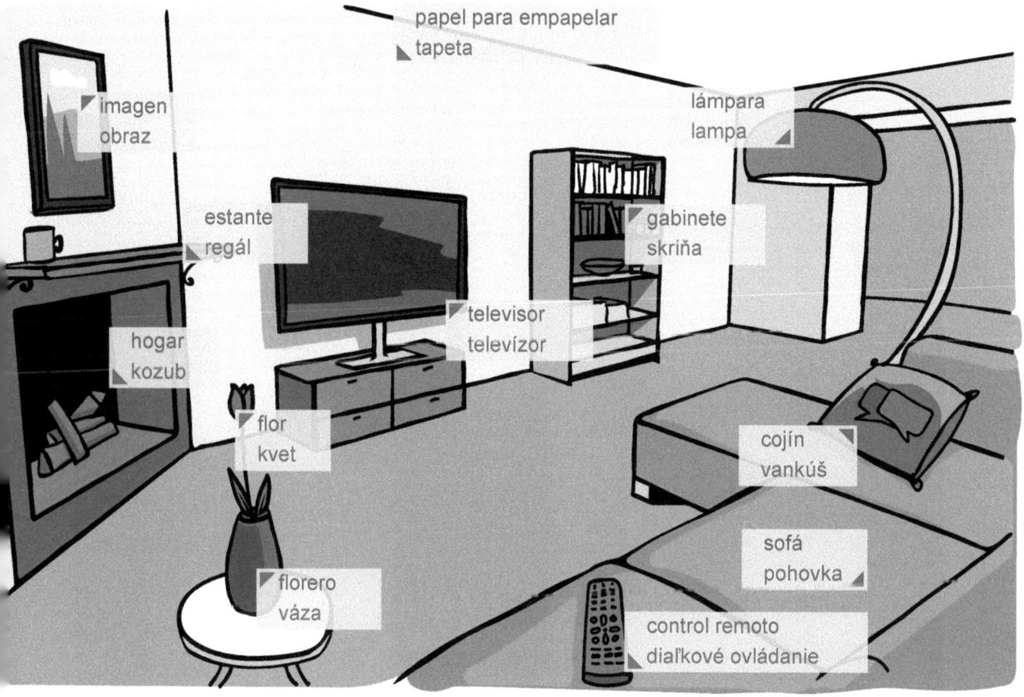

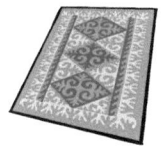

alfombra

koberec

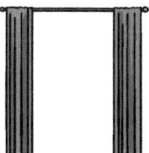

cortina

záclona

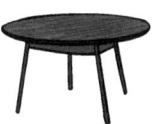

mesa

stôl

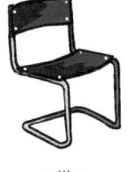

silla

stolička

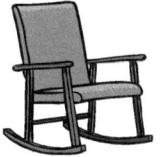

mecedora

hojdacie kreslo

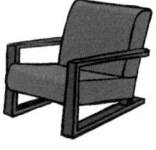

sillón

kreslo

libro
kniha

frazada
prikrývka

decoración
dekorácia

leña
drevo na kúrenie

film
film

equipo estereofónico
hi-fi veža

llave
kľúč

periódico
noviny

cuadro
maľba

póster
plagát

radio
rádio

bloc de notas
zápisník

aspiradora
vysávač

cactus
kaktus

vela
sviečka

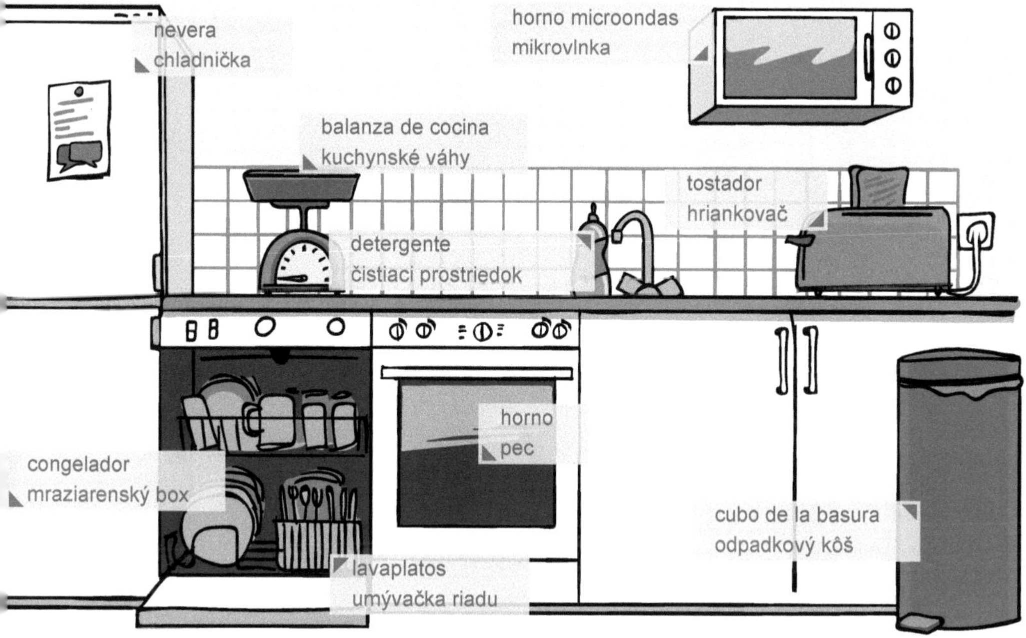

nevera
chladnička

horno microondas
mikrovlnka

balanza de cocina
kuchynské váhy

tostador
hriankovač

detergente
čistiaci prostriedok

horno
pec

congelador
mraziarenský box

cubo de la basura
odpadkový kôš

lavaplatos
umývačka riadu

cocina
sporák

olla
hrniec

olla de fundición de hierro
železný hrniec

wok / kadai
wok / kadai

sartén
panvica

hervidor de agua
rýchlovarná kanvica

olla de vapor

parný hrniec

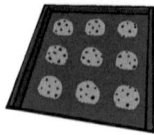

bandeja de horno

plech na pečenie

vajilla

riad

vaso

pohár

bol

misa

palillos para comer

paličky

cucharón de sopa

naberačka na polievku

espátula

stierka

batidor

metlička

colador

cedidlo

cedazo

sitko

rallador

strúhadlo

mortero

mažiar

parrillada

gril

fogata

ohnisko

cocina - kuchyňa

tabla de picar

doska na krájanie

rodillo

valček na cesto

sacacorchos

vývrtka

lata

konzerva

abrelatas

otvárač na konzervy

agarrador

chňapka

fregadero

výlevka

cepillo

kefa

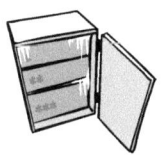

esponja

hubka

batidora

mixér

arcón congelador

mraznička

biberón

kojenecká fľaša

grifo

vodovodný kohútik

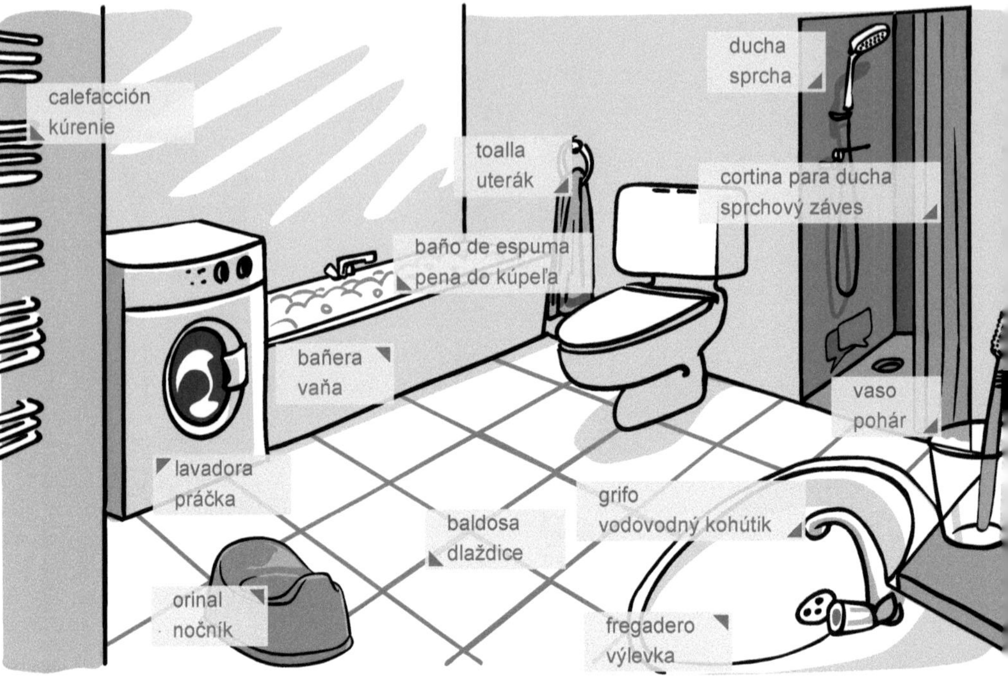

calefacción
kúrenie

ducha
sprcha

toalla
uterák

cortina para ducha
sprchový záves

baño de espuma
pena do kúpeľa

bañera
vaňa

vaso
pohár

lavadora
práčka

grifo
vodovodný kohútik

baldosa
dlaždice

orinal
nočník

fregadero
výlevka

cuarto de baño
záchod

placa turca
suchý záchod

bidé
bidet

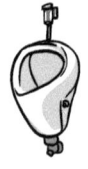

urinario
pisoár

papel higiénico
toaletný papier

escobilla para el cuarto de
baño
záchodová kefa

cepillo de dientes

zubná kefka

pasta dentífrica

zubná pasta

seda dental

dentálna niť

lavar

umývať

ducha teléfono

ručná sprcha

ducha higiénica

sprcha pre intímnu hygienu

cuenco

umývadlo

cepillo para la espalda

kefa na chrbát

jabón

mydlo

gel de ducha

sprchový gél

champú

šampón

manopla para baño

frotírová rukavica

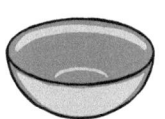

desagüe

odtok

crema

krém

desodorante

dezodorant

espejo
zrkadlo

espejo de maquillaje
kozmetické zrkadlo

máquina de afeitar
žiletka

espuma de afeitar
pena na holenie

loción para después del afeitado
voda po holení

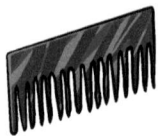

peine
hrebeň

cepillo
kefa

secador para cabello
sušič vlasov

laca de peinado
sprej na vlasy

maquillaje
make-up

lápiz labial
rúž

laca para uñas
lak na nechty

algodón
vata

tijera para uñas
nožnice na nechty

perfume
parfum

cuarto de baño - kúpeľňa

neceser

kozmetická taška

taburete

stolček

balanza

váha

bata de baño

kúpací plášť

guantes de goma

gumové rukavice

tampón

tampón

compresa

menštruačná vložka

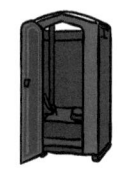

wáter químico

chemické WC

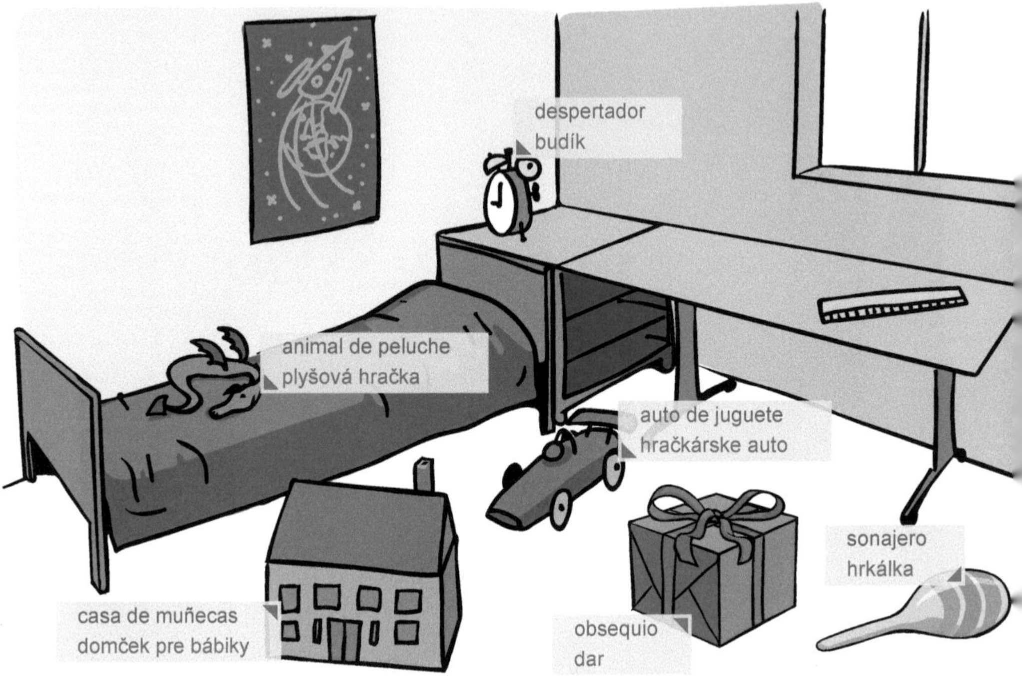

despertador
budík

animal de peluche
plyšová hračka

auto de juguete
hračkárske auto

casa de muñecas
domček pre bábiky

obsequio
dar

sonajero
hrkálka

globo
....
balón

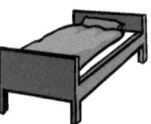

cama
....
posteľ

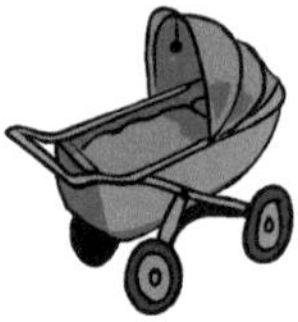

cochecito para niños
....
detský kočík

juego de barajas
....
karty

rompecabezas
....
puzzle

cómic
....
komix

piezas de Lego
skladačka lego

bloques para jugar
stavebnica

figura de acción
akčná postavička

pijama de una pieza
dupačky

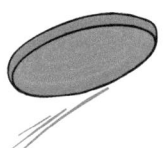

frisbee
lietajúci tanier

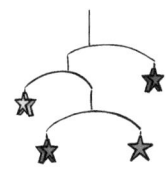

móvil
závesné hračky

juego de mesa
stolová hra

dado
kocka

tren eléctrico a escala
modelový vláčik

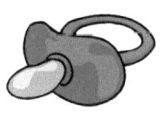

chupete
cumlík

fiesta
párty

libro de dibujos
obrázková kniha

pelota
lopta

títere
bábika

jugar
hrať sa

arenero
....
pieskovisko

columpio
....
hojdačka

juguetes
....
hračky

consola de videojuego
....
hracia konzola

triciclo
....
trojkolka

osito de peluche
....
medvedík

guardarropa
....
šatník

vestimenta
šatstvo

calcetines
....
ponožky

medias
....
pančuchy

panti
....
pančuchové nohavičky

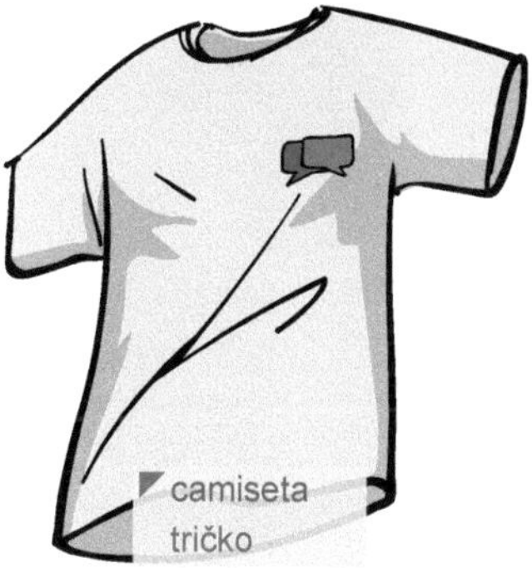

chal
šál

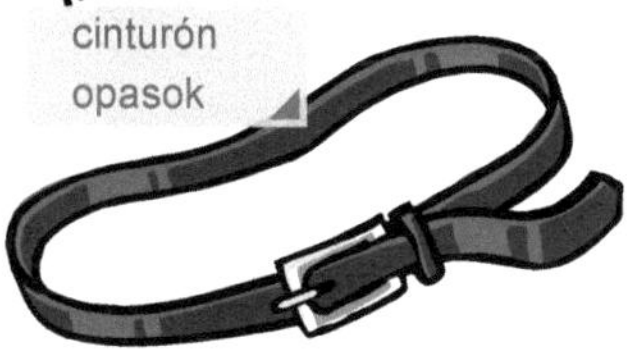

paraguas
dáždnik

camiseta
tričko

cinturón
opasok

deportivas
tenisky

botas
čižmy

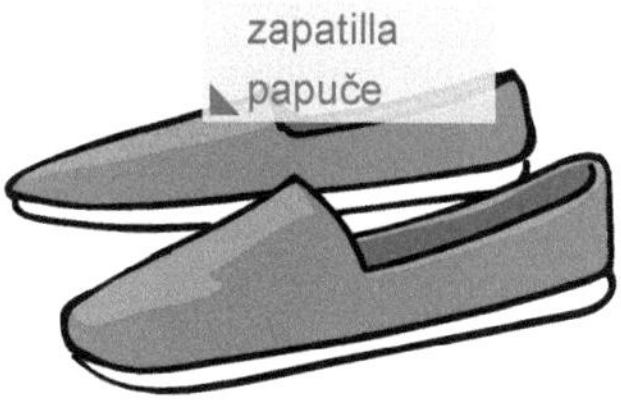

zapatilla
papuče

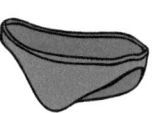
sandalias
·················
sandále

zapatos
·················
topánky

botas de goma
·················
gumáky

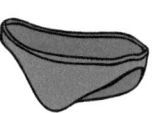
ropa interior
·················
spodky

corpiño
·················
podprsenka

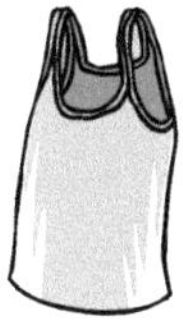

camiseta
·················
tielko

vestimenta - šatstvo

45

body

body

pantalón

nohavice

jeans

džínsy

falda

sukňa

blusa

blúzka

camisa

košeľa

pullover

pulóver

sweater

sveter

blazer

blejzer

chaqueta

bunda

abrigo

kabát

impermeable

pršiplášť

traje chaqueta

kostým

vestido

šaty

vestido de bodas

svadobné šaty

traje
oblek

camisón
nočná košeľa

pijama
pyžamo

sari
sari

pañuelo de cabeza
šatka na hlavu

turbante
turban

burka
burka

caftán
kaftan

abaya
abaja

traje de baño
dvojdielne plavky

bañador
plavky

shorts
šortky

chándal
tepláková súprava

delantal
zástera

guante
rukavice

botón

gombík

gafa

okuliare

brazalete

náramok

cadena

retiazka

anillo

prsteň

aro

náušnica

gorra

čiapka

percha

vešiak

sombrero

klobúk

corbata

kravata

cierre a cremallera

zips

casco

prilba

tiradores

traky

uniforme escolar

školská uniforma

uniforme

uniforma

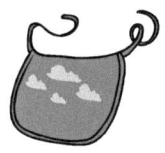

babero
podbradník

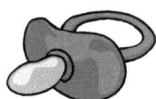

chupete
cumlík

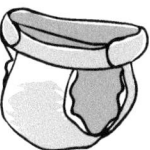

pañal
plienka

oficina
kancelária

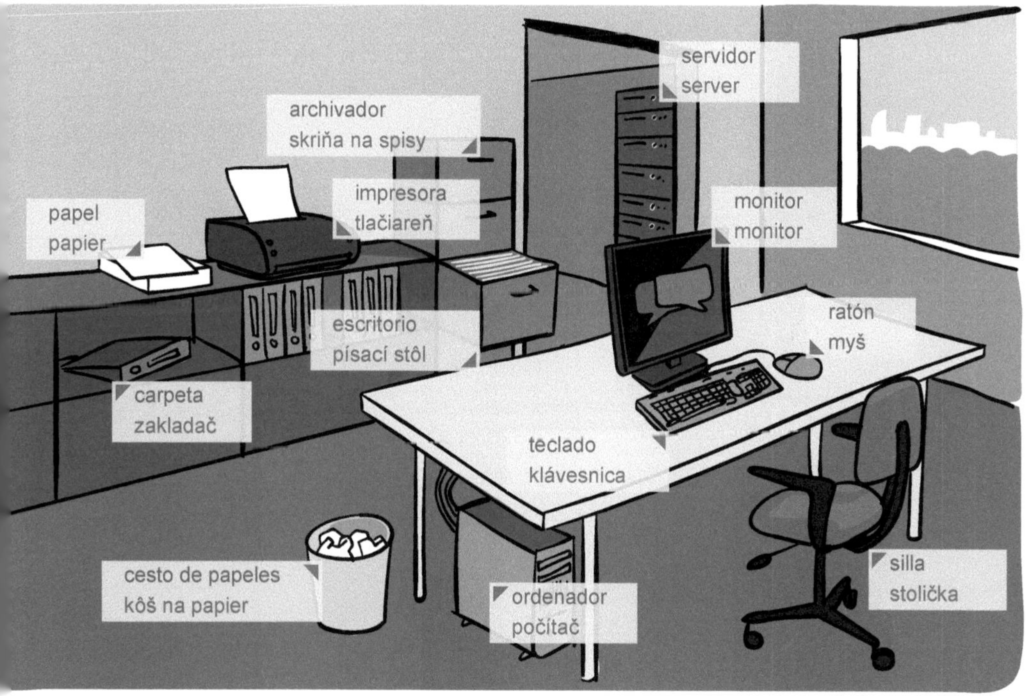
servidor
server
archivador
skriňa na spisy
impresora
tlačiareň
papel
papier
monitor
monitor
ratón
myš
escritorio
písací stôl
carpeta
zakladač
teclado
klávesnica
cesto de papeles
kôš na papier
ordenador
počítač
silla
stolička

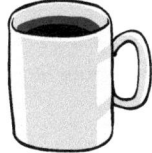

taza de café
hrnček na kávu

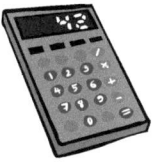

calculadora
kalkulačka

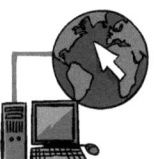

internet
internet

laptop
laptop

carta
list

mensaje
správa

teléfono móvil
mobil

red
sieť

fotocopiadora
kopírka

software
softvér

teléfono
telefón

tomacorriente
elektrická zásuvka

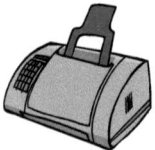

máquina de fax
fax

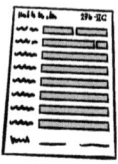

formulario
formulár

documento
doklad

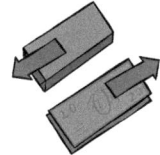

comprar

kúpiť

pagar

platiť

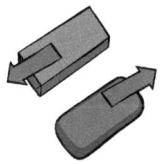

comerciar

obchodovať

dinero

peniaze

 USD

dólar

dolár

 EUR

euro

euro

 JPY

ycn

jen

 RUB

rublo

rubeľ

 CHF

franco

švajčiarsky frank

 CNY

renminbi

čínsky jüan

 INR

rupia

rupia

cajero automático

bankomat

casa de cambio

zmenáreň

oro

zlato

plata

striebro

petróleo

ropa

energía

energia

precio

cena

contrato

zmluva

impuesto

daň

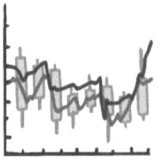

acción

akcia

trabajar

pracovať

empleado

zamestnanec

empleador

zamestnávateľ

fábrica

továreň

negocio

obchod

ocupaciones
povolania

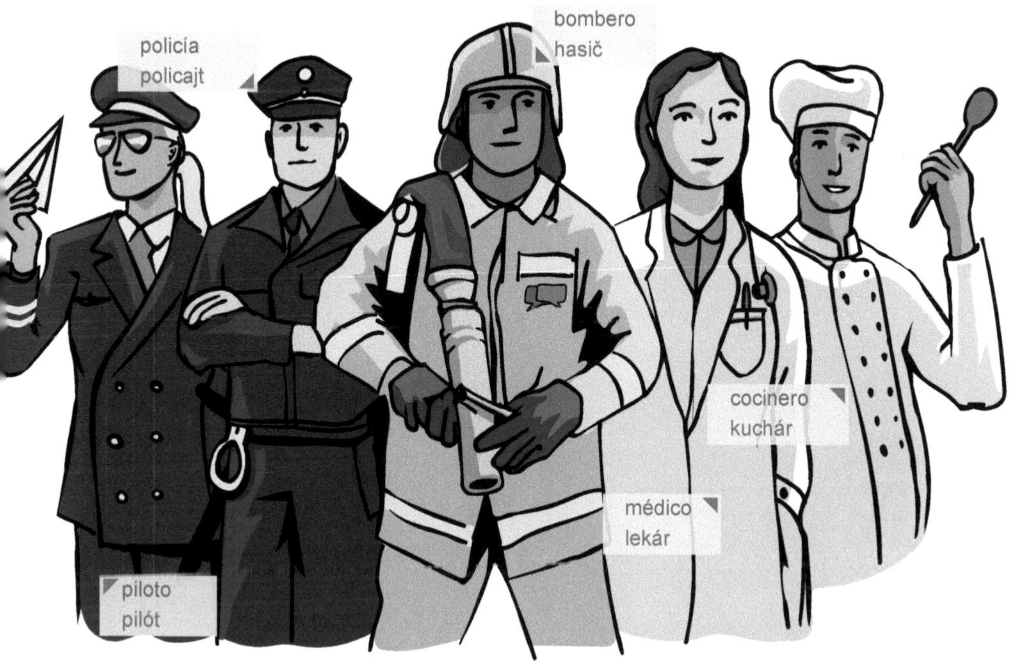

policía
policajt
bombero
hasič
cocinero
kuchár
médico
lekár
piloto
pilót

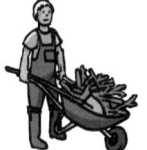

jardinero

záhradník

carpintero

stolár

costurera

krajčírka

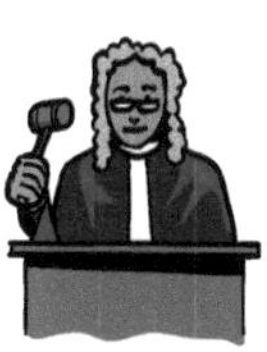

juez

sudca

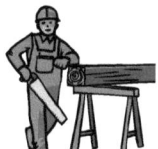

químico

chemik

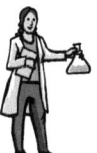

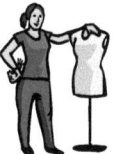

actor

herec

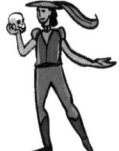

conductor de autobús

vodič autobusu

taxista

taxikár

pescador

rybár

mujer de la limpieza

upratovačka

techista

pokrývač

camarero

čašník

cazador

poľovník

pintor

maliar

panadero

pekár

electricista

elektrikár

albañil

stavebný robotník

ingeniero

inžinier

carnicero

mäsiar

fontanero

klampiar

cartero

poštár

ocupaciones - povolania

soldado

vojak

arquitecto

architekt

cajero

pokladník

florista

kvetinár

peluquero

kaderník

cobrador

sprievodca

mecánico

mechanik

capitán

kapitán

odontólogo

zubár

científico

vedec

rabino

rabín

imam

imám

monje

mních

párroco

farár

herramientas
náradie

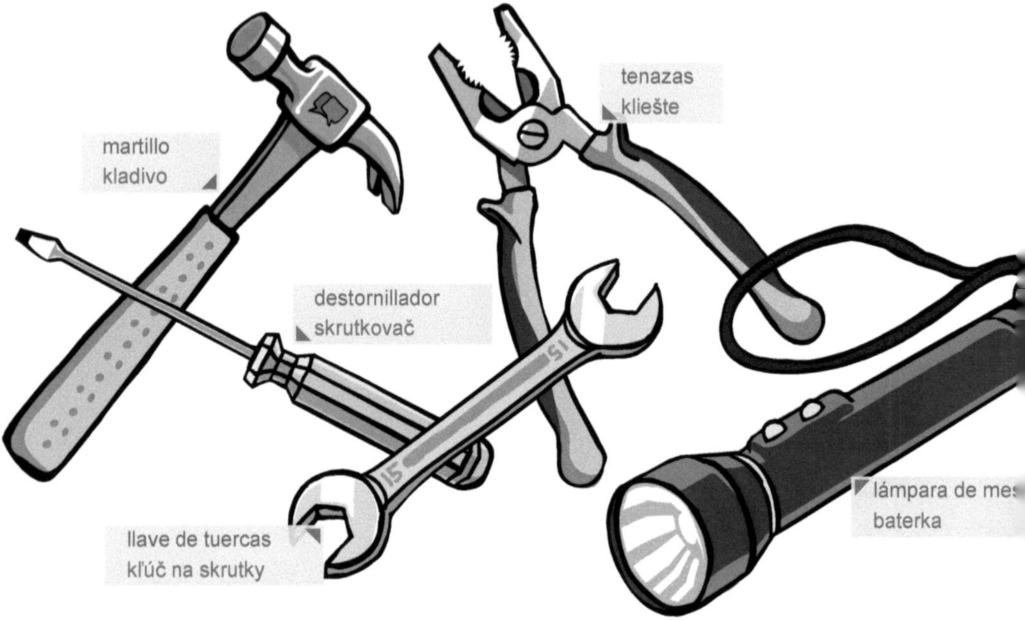

martillo
kladivo
tenazas
kliešte
destornillador
skrutkovač
llave de tuercas
kľúč na skrutky
lámpara de me
baterka

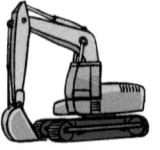

excavadora

bager

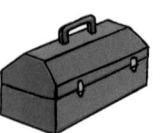

caja de herramientas

súprava náradia

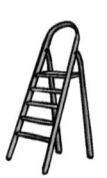

escalerilla

rebrík

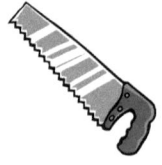

serrucho

pílka

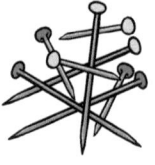

clavos

klince

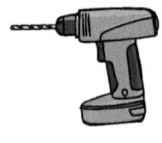

taladro

vrták

reparar
opraviť

pala
lopata

¡Maldición!
Do čerta!

recogedor
lopatka na smeti

lata de pintura
nádoba s farbou

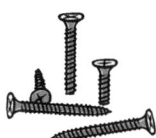

tornillos
skrutky

instrumentos musicales
hudobné nástroje

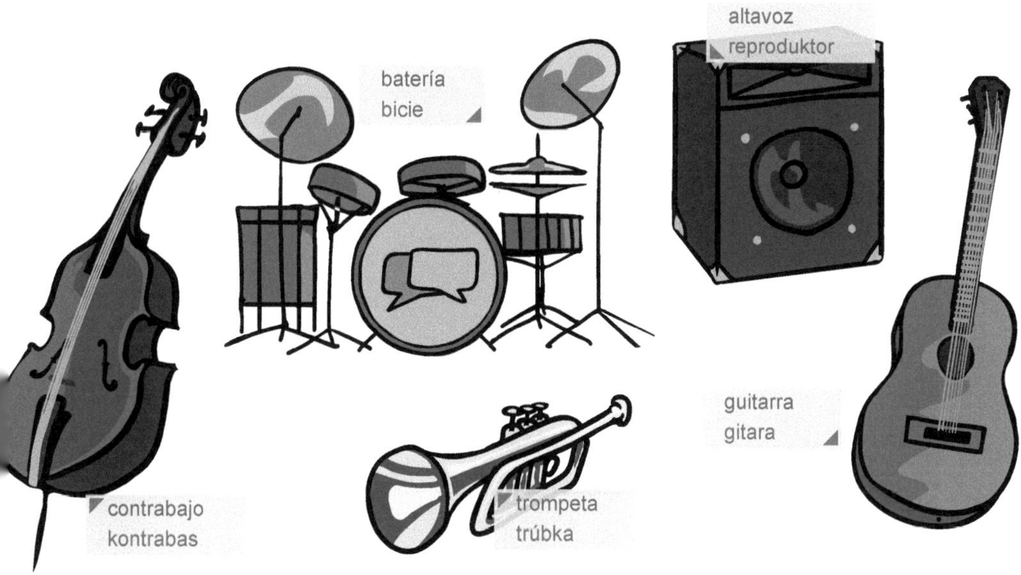

altavoz
reproduktor

batería
bicie

guitarra
gitara

contrabajo
kontrabas

trompeta
trúbka

piano

klavír

violín

husle

bajo

basa

timbales

tympany

tambor

bubon

teclado

klávesnica

saxofón

saxofón

flauta

flauta

micrófono

mikrofón

zoológico
ZOO

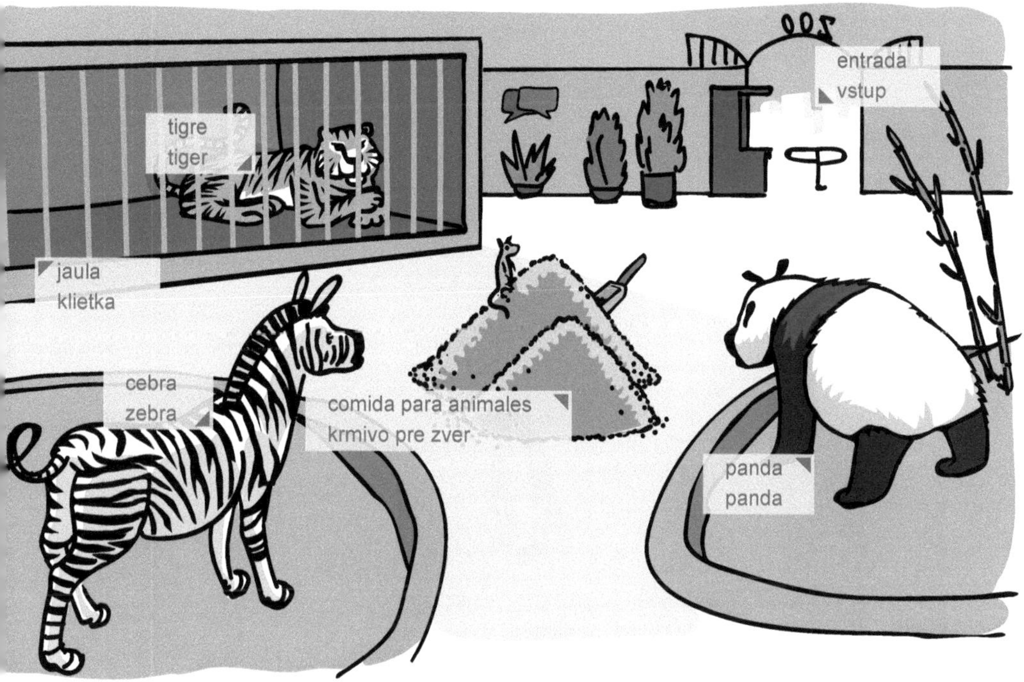
tigre
tiger
jaula
klietka
cebra
zebra
comida para animales
krmivo pre zver
entrada
vstup
panda
panda

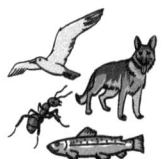

animales
zvieratá

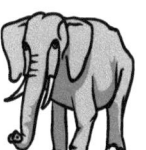

elefante
slon

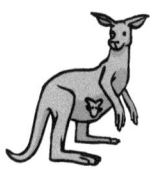

canguro
klokan

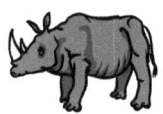

rinoceronte
nosorožec

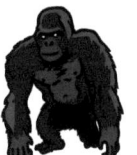

gorila
gorila

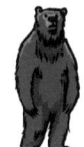

oso
medveď

camello

ťava

avestruz

pštros

león

lev

mono

opica

flamengo

plameniak

papagayo

papagáj

oso polar

ľadový medveď

pingüino

tučniak

tiburón

žralok

pavo real

páv

serpiente

had

cocodrilo

krokodíl

cuidador del zoológico

ošetrovateľ v ZOO

foca

tuleň

jaguar

jaguár

pony
poník

leopardo
leopard

hipopótamo
hroch

jirafa
žirafa

águila
orol

jabalí
diviak

pescado
ryba

tortuga
korytnačka

morsa
mrož

zorro
líška

gacela
gazela

fútbol americano
americký futbal

ciclismo
cyklistika

tenis
tenis

baloncesto
basketbal

natación
plávanie

boxeo
box

hockey sobre hielo
hokej

fútbol
....
futbal

badminton
....
bedminton

atletismo
....
ľahká atletika

balonmano
....
hádzaná

esquí
....
lyžovanie

polo
....
pólo

actividades
aktivity

reír
smiať sa
saltar
skočiť
abrazar
objať
caminar
chodiť
cantar
spievať
soñar
snívať
rezar
modliť sa
besar
pobozkať

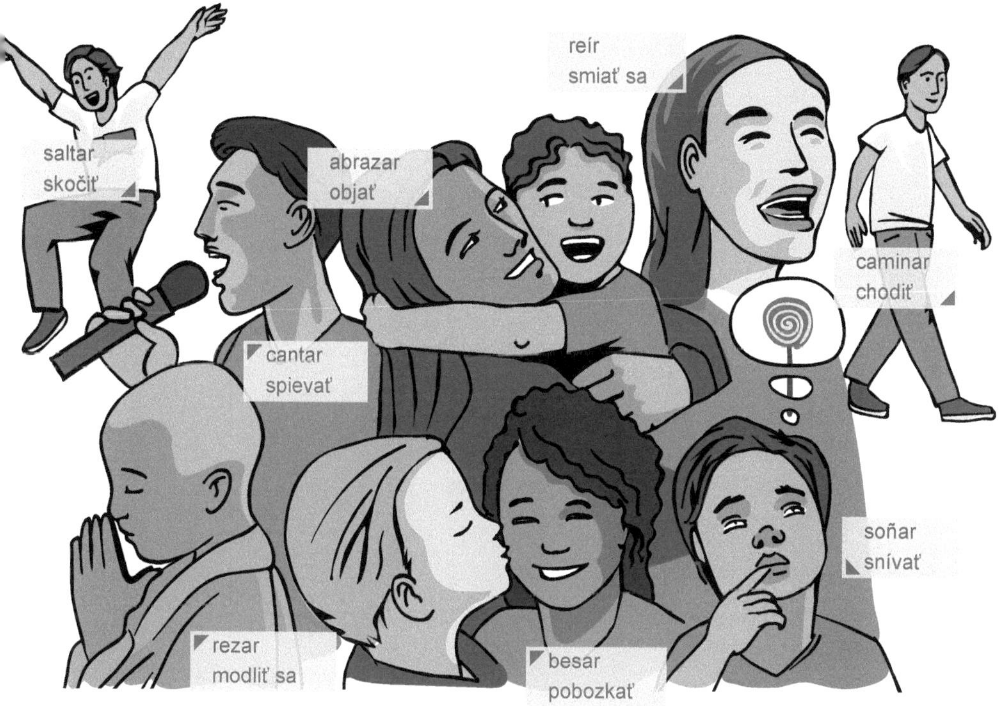

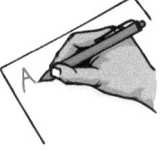

escribir

písať

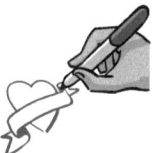

dibujar

kresliť

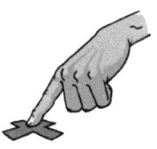

mostrar

ukázať

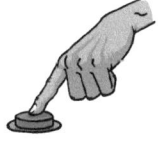

presionar

tlačiť

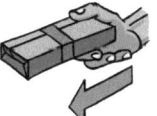

dar

dať

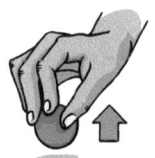

tomar

brať

tener

mať

hacer

robiť

ser

byť

estar de pie

stáť

correr

bežať

tirar

ťahať

arrojar

hádzať

caer

padnúť

estar acostado

ležať

esperar

čakať

llevar

nosiť

estar sentado

sedieť

vestirse

obliecť sa

dormir

spať

despertar

zobudiť sa

mirar

pozerať

llorar

plakať

acariciar

hladkať

peinarse

česať

conversar

hovoriť

entender

rozumieť

preguntar

pýtať sa

oír

počuť

beber

piť

comer

jesť

asear

upratať

amar

milovať

cocinar

variť

conducir

jazdiť

volar

letieť

navegar

plachtiť

calcular

počítať

leer

čítať

aprender

učiť sa

trabajar

pracovať

casarse

oženiť

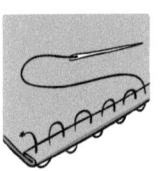

coser

šiť

limpiarse los dientes

čistiť zuby

matar

zabiť

fumar

fajčiť

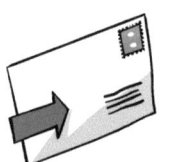

enviar

poslať

abuela
stará mama

abuelo
starý otec

padre
otec

madre
mama

bebé
bábo

hija
dcéra

hijo
syn

invitado
················
hosť

tía
···············
teta

tío
··············
strýko

hermano
················
brat

hermana
···············
sestra

cuerpo
telo

frente
čelo
ojo
oko
hombro
plece
dedo
prst
cara
tvár
barbilla
brada
mano
ruka
pierna
noha
pecho
hruď
brazo
rameno

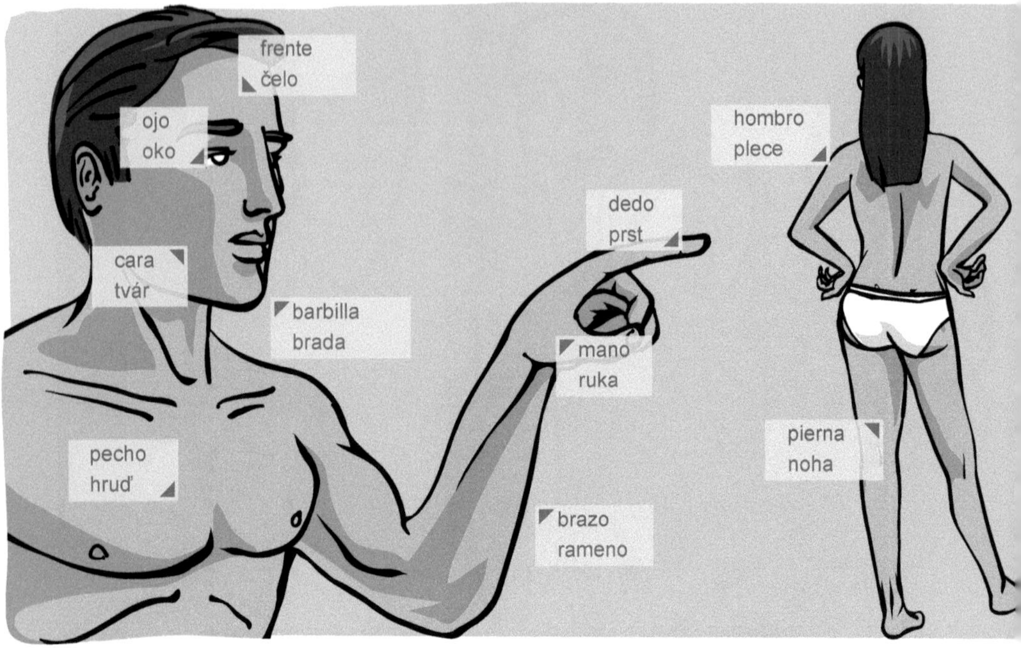

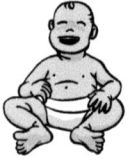

bebé

bábo

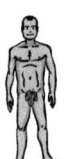

hombre

muž

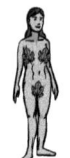

mujer

žena

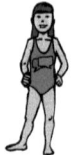

muchacha

dievča

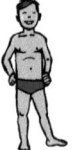

joven

chlapec

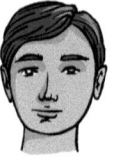

cabeza

hlava

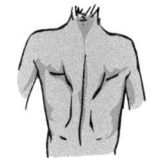

espalda
chrbát

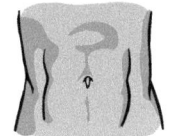

vientre
brucho

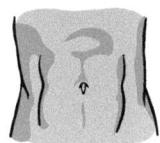

ombligo
pupok

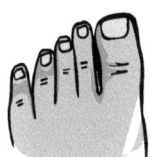

dedo del pie
prst na nohe

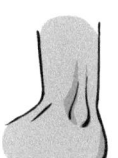

talón
päta

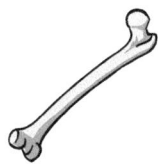

hueso
kosť

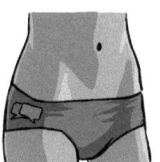

cadera
bok

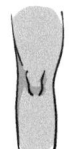

rodilla
koleno

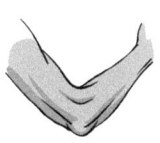

codo
lakeť

nariz
nos

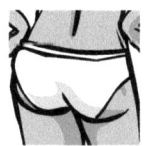

trasero
zadok

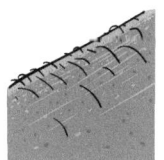

piel
koža

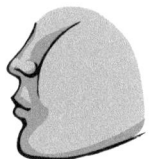

mejilla
líce

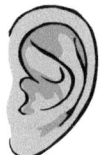

oreja
ucho

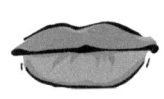

labio
pery

boca

ústa

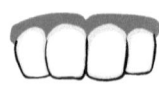

diente

zub

lengua

jazyk

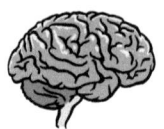

cerebro

mozog

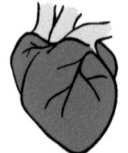

corazón

srdce

músculo

svaly

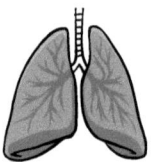

pulmón

pľúca

hígado

pečeň

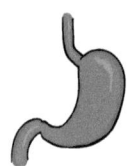

estómago

žalúdok

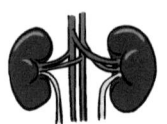

riñones

obličky

relación sexual

pohlavný styk

condón

kondóm

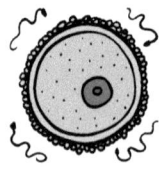

Óvulo

vaječná bunka

esperma

semeno

embarazo

tehotenstvo

cuerpo - telo

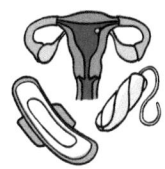

menstruación

menštruácia

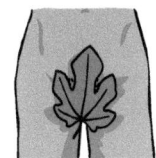

vagina

vagína

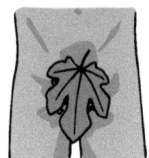

pene

penis

ceja

obočie

cabello

vlasy

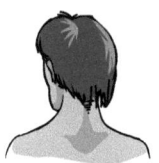

cuello

krk

cuerpo - telo

hospital
nemocnica

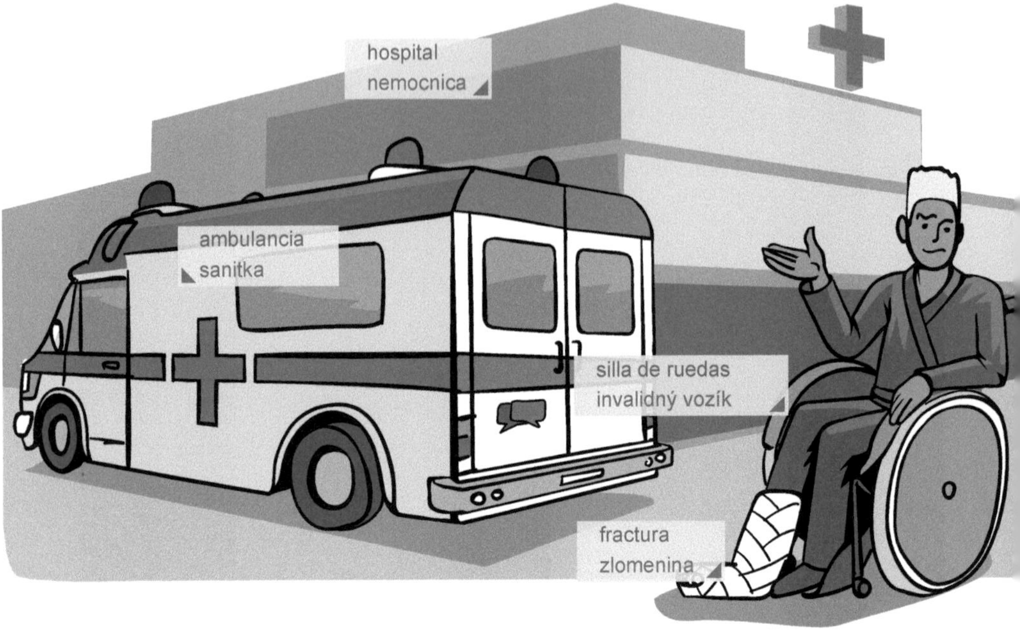

hospital
nemocnica
ambulancia
sanitka
silla de ruedas
invalidný vozík
fractura
zlomenina

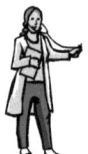

médico
lekár

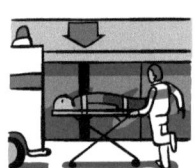

admisión de urgencia
urgentný príjem

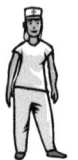

enfermera
sestrička

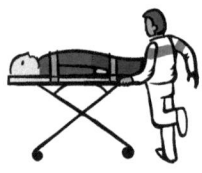

emergencia
urgentný prípad

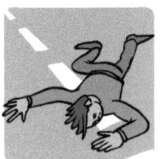

inconsciente
v bezvedomí

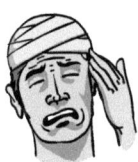

dolor
bolesť

lesión

zranenie

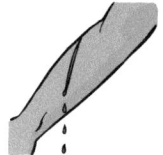

hemorragia

krvácanie

infarto de miocardio

srdcový infarkt

apoplejía cerebral

mozgová porážka

alergia

alergia

tos

kašeľ

fiebre

teplota

gripe

chrípka

diarrea

hnačka

dolor de cabeza

bolesť hlavy

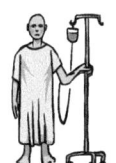

cáncer

rakovina

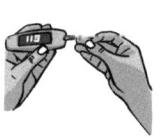

diabetes

cukrovka

cirujano

chirurg

escalpelo

skalpel

operación

operácia

TC
CT

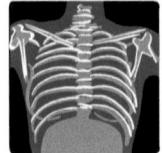

rayos X
RTG

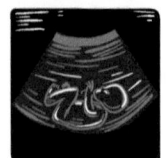

ultrasonido
ultrazvuk

máscara
maska

enfermedad
choroba

sala de espera
čakáreň

muleta
barla

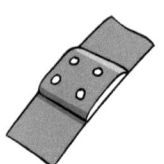

emplasto
náplasť

vendaje
obväz

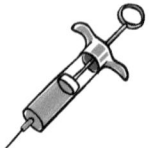

inyección
injekcia

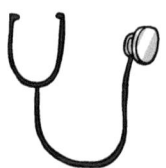

estetoscopio
fonendoskop

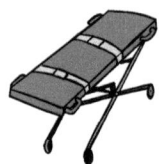

camilla
nosidlá

termómetro
teplomer

nacimiento
pôrod

sobrepeso
nadváha

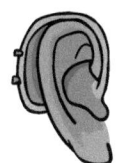

audífono
audiofón

desinfectante
dezinfekčný prostriedok

infección
infekcia

virus
vírus

VIH / SIDA
HIV / AIDS

medicina
medicína

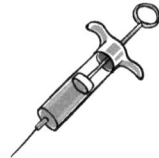

vacunación
očkovanie

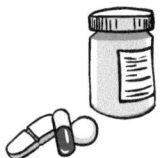

comprimido
tabletky

píldora anticonceptiva
antikoncepčná pilulka

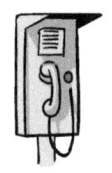

llamada de emergencia
tiesňové volanie

medidor de presión arterial
tlakomer

enfermo / saludable
chorý / zdravý

¡Ayuda!

Pomoc!

alarma

alarm

asalto

prepad

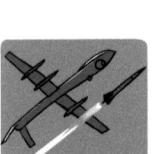

ataque

útok

peligro

nebezpečenstvo

salida de emergencia

núdzový východ

¡Fuego!

Horí!

extintor

hasičský prístroj

accidente

nehoda

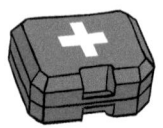

kit de primeros auxilios

kufrík prvej pomoci

SOS

SOS

Policía

polícia

Europa
Európa

América del Norte
Severná Amerika

América del Sur
Južná Amerika

África
Afrika

Asia
Ázia

Australia
Austrália

Atlántico
Atlantický oceán

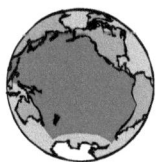

Pacífico
Tichý oceán

Océano Índico
Indický oceán

Océano Antártico
Južný oceán

Océano Ártico
Severný ľadový oceán

Polo Norte
Severný pól

Polo Sur

Južný pól

Antártida

Antarktída

Tierra

Zem

país

krajina

mar

more

isla

ostrov

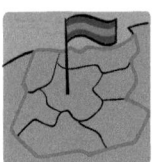

nación

národ

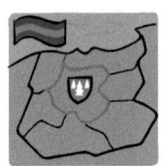

Estado

štát

cuadrante

ciferník

horario

hodinová ručička

minutero

minútová ručička

segundero

sekundová ručička

¿Qué hora es?

Koľko je hodín?

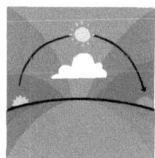

día

deň

tiempo

čas

ahora

teraz

reloj digital

digitálne hodiny

minuto

minúta

hora

hodina

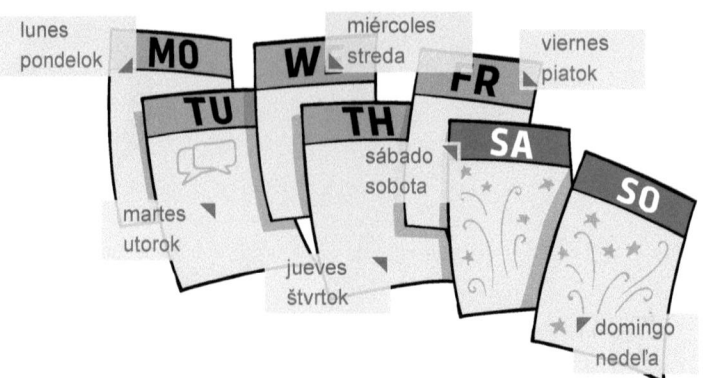

lunes
pondelok
MO
TU

martes
utorok

W miércoles
streda
TH

jueves
štvrtok

sábado
sobota
SA

FR viernes
piatok

SO

domingo
nedeľa

ayer

včera

hoy

dnes

mañana

zajtra

mañana

ráno

mediodía

poludnie

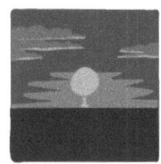

tarde

večer

MO	TU	WE	TH	FR	SA	SU
1	2	3	4	5	6	7
8	9	10	11	12	13	14
15	16	17	18	19	20	21
22	23	24	25	26	27	28
29	30	31	1	2	3	4

jornada de trabajo

pracovné dni

MO	TU	WE	TH	FR	SA	SU
1	2	3	4	5	6	7
8	9	10	11	12	13	14
15	16	17	18	19	20	21
22	23	24	25	26	27	28
29	30	31	1	2	3	4

fin de semana

víkend

lluvia
dážď

arco iris
dúha

viento
vietor

nieve
sneh

primavera
jar

otoño
jeseň

verano
leto

invierno
zima

4.APRIL	11°	☀
5.APRIL	4°	☔
6.APRIL	13°	☂
7.APRIL	8°	❄
8.APRIL	10°	☀

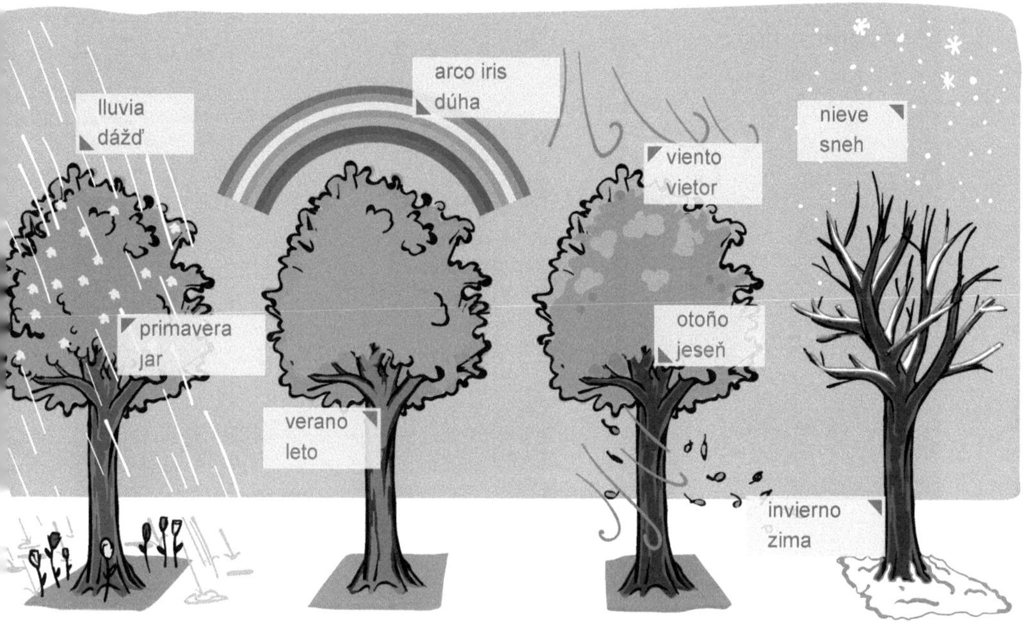

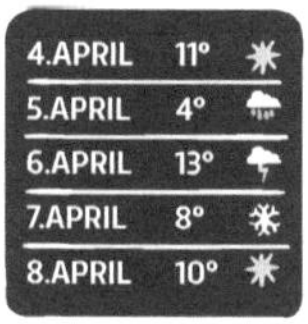

pronóstico meteorológico
predpoveď počasia

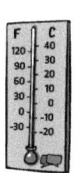

termómetro
teplomer

luz solar
slnečný svit

nube
oblak

niebla
hmla

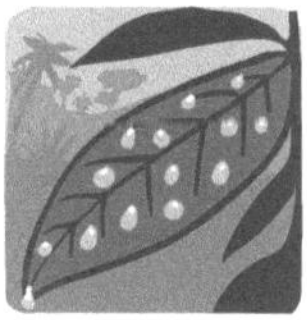

humedad ambiente
vlhkosť vzduchu

relámpago

blesk

trueno

hrom

tormenta

búrka

granizo

krúpy

monzón

monzún

inundación

záplava

hielo

ľad

enero

január

febrero

február

marzo

marec

abril

apríl

mayo

máj

junio

jún

julio

júl

agosto

august

año - rok

septiembre

september

octubre

október

noviembre

november

diciembre

december

formas
tvary

círculo

kruh

cuadrado

štvorec

rectángulo

obdĺžnik

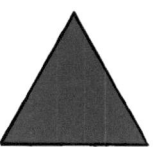

triángulo

trojuholník

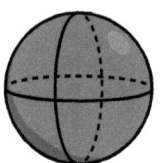

esfera

guľa

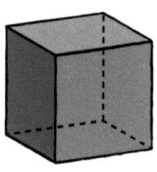

cubo

kocka

blanco
....
biela

amarillo
....
žltá

anaranjado
....
oranžová

rosa
....
ružová

rojo
....
červená

lila
....
fialová

azul
....
modrá

verde
....
zelená

marrón
....
hnedá

gris
....
šedá

negro
....
čierna

mucho / poco

veľa / málo

enojado / calmado

zúrivý / pokojný

bonito / feo

pekný / škaredý

comienzo / fin

začiatok / koniec

grande / pequeño

veľký / malý

claro / oscuro

svetlý / tmavý

hermano / hermana

brat / sestra

limpio / sucio

čistý / špinavý

completo / incompleto

úplný / neúplný

día / noche

deň / noc

muerto / vivo

mŕtvy / živý

ancho / angosto

široký / úzky

disfrutable / no disfrutable

chutný / nechutný

malo / amigable

zlostný / láskavý

excitado / aburrido

vzrušený / unudený

gordo / delgado

tlstý / chudý

primero / último

prvý / posledný

amigo / enemigo

priateľ / nepriateľ

lleno / vacío

plný / prázdny

duro / suave

tvrdý / mäkký

pesado / liviano

ťažký / ľahký

hambre / sed

hlad / smäd

enfermo / saludable

chorý / zdravý

ilegal / legal

nelegálny / legálny

inteligente / tonto

inteligentný / hlúpy

izquierda / derecha

vľavo / vpravo

cercano / lejano

blízko / ďaleko

nuevo / usado

nový / použitý

nada / algo

nič / niečo

viejo / joven

starý / mladý

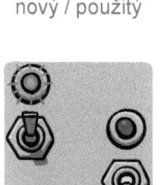

encendido / apagado

zapnuté / vypnuté

abierto / cerrado

otvorené / zatvorené

bajo / fuerte

tichý / hlasný

rico / pobre

bohatý / chudobný

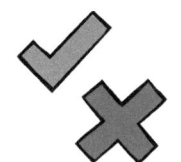

correcto / incorrecto

správne / nesprávne

áspero / liso

drsný / hladký

triste / alegre

smutný / šťastný

breve / extenso

krátky / dlhý

lento / veloz

pomaly / rýchlo

mojado / seco

mokrý / suchý

caliente / frío

teplý / studený

guerra / paz

vojna / mier

opuestos - protiklady

0

cero

nula

1

uno

jeden

2

dos

dva

3

tres

tri

4

cuatro

štyri

5

cinco

päť

6

seis

šesť

7

siete

sedem

8

ocho

osem

9

nueve

deväť

10

diez

desať

11

once

jedenásť

12

doce

dvanásť

13

trece

trinásť

14

catorce

štrnásť

15

quince

pätnásť

16

dieciséis

šestnásť

17

diecisiete

sedemnásť

18

dieciocho

osemnásť

19

diecinueve

devätnásť

20

veinte

dvadsať

100

cien

sto

1.000

mil

tisíc

1.000.000

millón

milión

inglés

anglictina

inglés estadounidense

americká angličtina

chino mandarín

mandarínska čínština

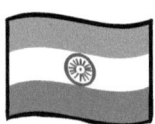

hindi

hindčina

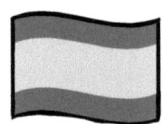

español

španielčina

francés

francúzština

árabe

arabčina

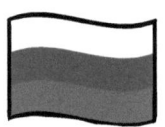

ruso

ruština

portugués

portugalčina

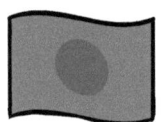

bengalí

bengálčina

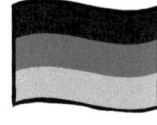

alemán

nemčina

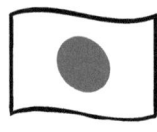

japonés

japončina

yo

ja

tú

ty

él / ella

on/ona/ono

nosotros

my

vosotros

vy

ellos

oni

¿quién?

kto?

¿qué?

čo?

¿cómo?

ako?

¿dónde?

kde?

¿cuándo?

kedy?

nombre

meno

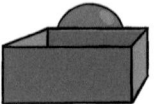

detrás

za

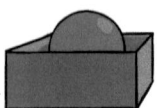

en

v

delante de

pred

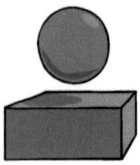

encima de

nad

sobre

na

debajo de

pod

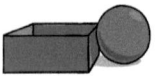

junto a

vedľa

entre

medzi

lugar

miesto